ठहाका एक्सप्रेस

महेश गर्ग बेधड़क

डायमंड बुक्स
www.diamondbook.in

प्रकाशकः डायमंड पॉकेट बुक्स (प्रा.) लि.

X-30, ओखला इंडस्ट्रियल एरिया, फेज-II
नई दिल्ली-110020
फोन : 011-40712100
ई-मेल : wecare@diamondbooks.in
वेबसाइट : www.diamondbooks.in
संस्करण : 2026

Thahaka Express
By : Mahesh Garg 'Bedhadak'

भूमिका

आज जब महेश गर्ग की कविताएं मेरे सामने हैं और मैं एक के बाद एक उनको पलटता गया, तो वर्ष दर वर्ष पलटते हुए मैं सन् 1986-87 के क़रीब पहुंच गया, जब आई आई टी दिल्ली के एक कवि सम्मेलन में मैंने उनको पहली बार सुना था। समझिए कि 27-28 साल तो हो ही गए। मैं थोड़ा-सा श्रेय ले सकता हूं कि भारत के आई आई टी संस्थानों, मेडिकल कॉलेजों, शैक्षिक संस्थाओं में कवि सम्मेलनों को लोकप्रिय बनाने में मेरी भी थोड़ी-सी भूमिका रही है।

आई आई टी के कवि सम्मेलनों ने मुझे एक प्रकार की आश्वस्ति दी कि अगर कविता अच्छी है, उमंग-तरंग से भरपूर है तो वह चाही और सराही जाएगी। अगर उसमें समाज के गंभीर सरोकार हैं और मनुष्यता की पुकार पर कविता दौड़ती है तो उसे लोग झट से अंगीकार करेंगे। मुझे याद है कि जिस दिन मैंने महेश गर्ग 'बेधड़क' को अपनी कविताएं बेधड़क सुनाते हुए पहली बार सुना था, एक तेजस्वी युवा के तौर पर, मुझे महसूस हुआ कि उनकी कविताएं स्तरीय मानकों पर खरी उतरने के साथ-साथ मंचीय सफलता के लिए आवश्यक घटक तत्वों से भी परिपूर्ण हैं। तभी मैंने महेश गर्ग को भविष्य के एक सफल मंचीय कवि के तौर पर देखा था।

इधर, इन कविताओं में महेश जी का बेहद मानवीय स्वरूप सामने आया है। सरल, सहज, ढंग से इन्होंने देश की विसंगतियों पर कटाक्ष किए हैं। विषयों का वैविध्य इनकी कविताओं की खूबी है। एक कविता जो मुझे बेहद अच्छी लगी उसका शीर्षक है 'मंगल-यात्रा'। उसमें धरती-मां के साथ संवाद है। टेढ़े

सवाल किए गए हैं। एक सवाल यह कि 'तुझे मेरी सौगंध सच-सच बता, क्या तेरे मन में यह विचार कभी नहीं कौंधते हैं कि दिनभर ये करोड़ों लोग तुझ पर चलते हैं, अपने पैरों से रौंदते हैं?' तो सुनकर मां हंसने लगी, बोली- 'बेटे, पहले भगवान मां को कष्ट सहने की क्षमता देता है और तब कहीं जाकर उसको ममता देता है।'

वे पिछले दिनों मंच पर इस कविता को सुना रहे थे तो मेरे मन में उनकी बस यही दो पंक्तियां गूंजती रहीं कि पहले भगवान मां को कष्ट सहने की क्षमता देता है और तब कहीं जाकर उसको ममता देता है। मां होने की प्रक्रिया और प्रकृति प्रदत्त उसकी क्षमताओं को दो पंक्तियों में जिस प्रकार महेश जी ने प्रस्तुत किया है, वह किसी को भी सहज आकर्षित करेगा। ग़ाज़ियाबाद के 'अट्टहास' कवि सम्मेलन में जब उन्होंने यह कविता सुनाई तो मैंने देखा कि लगभग दस हजार लोग जो श्रोता थे, उन्होंने तालियां बजाकर उनका अभिनन्दन किया। यह भ्रम भी टूटा कि श्रोता केवल हल्की, सतही या लतीफ़ेबाज़ी से भरी हुई प्रस्तुतियों को ही सराहते हैं। मैंने देखा कि श्रोता अच्छी कवितायें चाहते हैं। सहज और सरल हास्य के अनेक दृश्य खण्ड उनकी कवताओं में दिखाई देते हैं। 'प्रवचन की सीख' भली है और एक नया लतीफ़ा गढ़ती है।

एक आश्रम में प्रवचन हो रहा था, महात्मा ने कहा- 'जब भी कहीं जाओ, वहां की अच्छाई ग्रहण करो, बुराई वहीं छोड़ आओ।' महात्मा की सीख रंग लाई। एक स्त्री ने किसी की नई चप्पलें पहनीं और अपनी पुरानी वहीं छोड़ आई। इस तरह की छोटी-छोटी कविताएं हैं जो जीवन की कटु स्थितियों को सहज हास्य में प्रस्तुत कर देती हैं। महेश जी की चिंता रहती है कि आदमी का विखंडन न हो, वह धार्मिक, साम्प्रदायिक उन्मादों में आकर परस्पर शत्रु न हो जाए इसलिए एक छोटी-सी कविता में नसीहत देते हैं कि 'राख में सुराख करना छोड़िए, हौसला हो तो पत्थरों को तोड़िए। बांटने वाले बहुत मिल जाएंगे, हो सके तो आदमी को जोड़िए।' महेश जी की छोटी कवितायें झट से याद होने वाली हैं और चूंकि मन पर अंकित हो जाती हैं, इसलिए याद भी हो जाती हैं।

जोड़ने की बातें हमेशा अच्छी लगती हैं। तोड़ने की बातें क्षणिक आवेश से भरती हैं। महेश जी ने अपने राष्ट्रवादी स्वर में कहीं भी तोड़ने जैसा कोई प्रयास नहीं किया है। तात्कालिक उत्तेजना फैलाना उनकी फ़ितरत नहीं है। शोषित, वंचित, पीड़ित और ग़रीब के प्रति उनकी सहानुभूति का अलग गुण है। 'भूखापेट' शीर्षक कविता में वे कहते हैं, 'शायद तुममें हक़ीक़त की आंखों में आंखें डालने का दम नहीं है, वरना तुम्हें पता होता भूखे पेट की जरूरत दो वक्त की रोटियां हैं, परमाणु बम नहीं हैं।'

एक अच्छी कविता है 'शीशा'। पर उसके बारे में कुछ कहूंगा नहीं। उसे स्वयं पढ़िए और देखिए कि शीशे की आत्मकथा की व्यथा को किस प्रकार इन्सान की समस्याओं के समानांतर रखकर महेश जी ने देखा है। उनकी छोटी-बड़ी सभी कविताओं में कहीं न कहीं कोई बात है। जो सरल, सहज, हृदय में उतर जाने वाली बात को कविता में ढालने वाले कवियों को प्यार करते हैं, निश्चित रूप से वे महेश गर्ग 'बेधड़क' को प्यार करेंगे। हास्य-व्यंग्य के इस चितेरे और मंचों के चहेते कवि को मेरी ढेरों शुभकामनाएं।

-अशोक चक्रधर

ठहाके भी, एक्सप्रेस की तेजी भी

बेधड़क जी के इस कविता संग्रह का शीर्षक उपयुक्त ही है। इसमें ठहाके भी हैं और एक्सप्रेस की तेजी भी। यूं तो बेधड़क जी की कविताओं का स्वाद मैं विभिन्न गोष्ठियों में ले चुका हूं लेनिक इस संग्रह में उनकी संवेदनाओं पर गहरी पकड़ लक्षित होती है।

मां के विषय में वह लिखते हैं
'पहले भगवान मां को कष्ट सहने की क्षमता देता है
और तब कहीं जाके उसको ममता देता है।'

गांधीजी की विचारधारा के विषय में क्या खूब कहा है–
'गांधी को जानने के लिए उन्हें देखने की जरूरत नहीं है,
तुम तो खुद अपनी तकदीर पसीने से लिखते हो,
शीशे के सामने खड़े हो जाओ... खुद गांधी दिखते हो।'

शीशे की कसक भी क्या दर्शाई है–
'खुद टटटने पर भी अपने हर टुकड़े में
ये आपको अपाकी पूरी तस्वीर दिखाएगा।'

–हेमन्त कुमार 'धाकड़'

मस्त, व्यस्त और त्रस्त....

महेश गर्ग बेधड़क की पुस्तक ठहाका एक्सप्रेस की कविताएं पढ़ी। पुस्तक के नाम में एक्सप्रेस होना लाजमी है क्योंकि कवि रेल मन्त्रालय में वरिष्ठ अधिकारी हैं अत: विभाग के प्रति भी फर्ज चुकाया जाना चाहिए।

इस पुस्तक में पाठक को हर तेवर की बेहतरीन कविताएं पढ़ने को मिलेंगी। राजनीति पर कटाक्ष करते हुए कवि बेधड़क, बेधड़क होकर सपाट शब्दों में कहता है :

चाहे सरकार सन्ता की हो या बन्ता की
जिन्दगी तो एक सी रहेगी जनता की।

इसके इलावा इतने ही सटीक शब्दों में कवि कहता है कि :

''मौलिक अधिकारों की सूची में जोड़ दो तीन और अधिकार
गरीबी, बेरराजगारी और भ्रष्टाचार''।

जब छोटे छन्दों की कविता में कवि कालेज की मस्ती को हास्य की चासनी में लपेटता है तो सहज ही यह आभास होता है कि यह शादीपूर्व की कविता है क्यों किउस समय आदमी मस्त रहता है और बाद में व्यस्त। मैं अपने अनुभव की बात कहूं तो बाद में त्रस्त रहता है। कई कविताओं में कवि का राष्ट्र बोध उभर कर आया है इन कविताओं में कवि फौजी नहीं बल्कि प्रहरी रहा है। फोज कवि जिस पर रचना करता है अपनी रचना में घायल करता है और प्रहरी कवि अपनी रचनाओं में जगाने का काम करता है। मैं इसे श्रेष्ठ कविता का गुण मानता हूं। क्योंकि कविता के जरिए ही समाज को जागरूक करके आदमी आदमी से जुड़ता है और जो कवि रेल जैसे विभाग में कार्यरत हो वह कभी भी तोड़ने की कविता नही ंकर सकता क्योंकि रेल पूरे देश को जोड़ने का काम करती है।

पुस्तक के सफल प्रकाशन के लिए मेरी हार्दिक शुभकामनाएं।

—सुरेन्द्र शमा

समर्पण

मैं अपनी प्रथम पुस्तक अपने पिता, श्री प्रयाग नारायन गर्ग जी के चरणों में समर्पित करता हूं जिन्होंने मुझे रचनात्मक सोच, और शैक्षणिक योग्यता के साथ साथ वैचारिक दृढ़ता भी प्रदान की।

मेरी काव्य यात्रा

सबसे पहले तो ये बता दूँ कि ये जो काव्य यात्रा है इसकी शुरूआत आज से तीन दशक पहले सन् 1980 में हुई जब मैं दसवीं कक्षा का छात्र था। स्कूल में 'काव्य पाठ' के नाम से एक प्रतियोगिता हुई। उसमें मैंने एक कविता सुनाई 'तुलसी के प्रति'। बोल थे "अंधकार था व्याप्त जगत में पंथ न पड़े दिखाई. .."। मुझे दूसरा पुरस्कार मिला। काव्य पाठ में जज की भूमिका निभा रहे शख्स का परिचय कराते हुए हमारे प्राध्यापक ने बताया कि वह उसी विद्यालय के पूर्व छात्र और तत्कालीन स्थापित कवि थे। काव्यपाठ के अन्त में उन्होंने दो-तीन स्वरचित कविताऐं भी सुनाई। सभी ने उनके सम्मा्न में खुलकर तालियां बजाई। तब पहली बार पता लगा कि खुद की कविताएं लिखने के क्या मायने हैं। बस मेरे बाल मन में बैठ गई कि जिन्दगी में कविता सुनाऐंगे तो सिर्फ खुद की लिखी हुई।

कविता का जो बीज है, या कहिए रूझान है, वो शायद उससे पहले भी था। कविता पढ़ना और याद करके सुनाना हमेशा ही अच्छा लगता था । कवियों की जीवनी बहुत प्रभावित करती थी। मुझे अभी तक याद है सातवीं कक्षा की सालाना परीक्षा में हिन्दी के पेपर में तुलसीदास जी की जीवनी लिखने को आई थी। परीक्षा की कापी के सात-आठ पेज भर मारे। कवि और कविता के प्रति मेरे रुझान की प्रथम अभिव्यक्ति थी। मैं कवि के बारे में वो सब कुछ लिख देना चाहता था जो मैं जानता था। फिर चाहे पेज सात भरें या सत्रह। बहरहाल, कविता लेखन की शुरूआत सन उन्नीस सौ अस्सी से हुई. .. दसवीं कक्षा से... स्कूल की उस काव्य पाठ प्रतियोगिता के बाद। जुनून इतना था कि दसवीं की वार्षिक परीक्षाएं आने तक लगभग बीस-तीस कविताऐं लिख दीं। कविता के लिए जितने टॉपिक समझ में आये सब पर लिख दिया। जब सभी ज्ञात टॉपिक निपट गऐ तो कविता लेखन भी लगभग ठप्प सा हो गया। एक दिन पिता जी ने पूछा... "पिछले तीन-चार महिने से एक भी कविता नहीं लिखी है, क्या बात है?" कई दिन तक चार-छः घंटे लगातार बैठ कर कोशिश की। दो-तीन पंक्तियों से ज्यादा नहीं लिख सका। तब पता चला कि कविता स्वतः प्रस्फुटित होने वाली क्रिया है लिखने के लिये कमर

कस कर बैठ जाने मात्र से काम नहीं चलता। हो सकता है कि एक दिन में दो–दो रचनाएं तैयार हो जाएं और यदि नहीं बनें तो छः महिने में एक भी तैयार न हो। लेकिन हौसले बुलंद थे।

आपको बता दूं कि इस शुरूआत के लगभग आठ–दस साल बाद जब पिता जी के रिटायरमेंट के समय घर बदला तो अचानक वही कविताओं की पुरानी कापी मिल गई। बहुत हंसी आई... हरे स्कैच पैन से लिख रखा था. .. 'कवि महेश गर्ग की महत्वापूर्ण रचनाऐं'। शायद ये महात्वाकांक्षा थी... बड़ा कवि बनने की । उन आठ–दस सालों में दर्जनों कविताऐं लिखीं... ज्यादातर सामाजिक विषयों पर या वीर रस की। कुछ गीत और गजल भी लिखे। हास्य–व्यंग्य की कविताओं का सिलसिला इसके बाद शुरू हुआ। वरिष्ठ कवियों ने हाथों हाथ उठा लिया। कवि सम्मेलनों में आना जाना शुरू हो गया।

दो दशक से लम्बी काव्य मंचों की यात्रा के बाद आज अपने प्रथम काव्यसंग्रह के प्रकाशन के अवसर पर मैं खुशी के साथ–साथ अपार आत्मथ संतुष्टि भी महसूस कर रहा हूँ।

इस अवसर पर पर सर्वप्रथम मैं अपने पिता श्री प्रयाग नारायण गर्ग का ऋणी हूं जिनकी सतत प्रेरणा और उत्साहवर्धन से मैंने कविताएं लिखना प्रारम्भ किया। मैं अपनी मां श्रीमती प्रेमवती गर्म का भी ऋणि हूं जिन्होंने अपने बच्चों को अच्छी से अच्छी सुविधाएं मुहैया करने के लिए जिन्दगी भर अपने सुख और साधनों का त्याग किया।

मैं अपनी पत्नी रेखा, बेटे सार्थक और बेटी स्नेहा के सहयोग का भी जिक्र करना जयरी समझता हूं क्योंकि मेरी अधिकांश कविताओं के वे प्रथम श्रोता और प्रखर आलोचक रहे हैं।

अग्रज कवियों में मैं श्री सुरेन्द्र शर्मा, डॉ. अशोक चक्रधर, डॉ. कुमर बेचैन और मंगल नसीम जी का विशेष रूप से उल्लेख करना चाहूंगा जिन्होंने पुस्तक के प्रकाशन से पूर्व मेरी रचनाओं को पढ़ा और उपयोगी सुझाव दिए। इस क्रम में काव्यमंखें के साथ कवि भाई विनीत चौहान और प्रवीण शुक्ल को भी मैं अपना धन्यवाद ज्ञापित करना चाहूंगा जिन्होंने समय समय पर मुझे उपयोगी सुझाव दिए।

मैं डायमण्ड बुक्स के प्रबंध निदेशक श्री एन–के. वर्मा एवं उनकी टीम का भी आभारी हूं जिन्होंने इस कार्य को बखूबी अंजामद दिया।

मेरा विश्वास है कि मेरी रचनाऐं पाठकों को गुदगुदाएंगी भी और उनके मानस पटल पर अपनी छाप छोडेंगी। मुझे मेरे पाठकों का आशीष मिलेगा, इस विश्वास के साथ, सदैव,

–महेश गर्ग बेधड़क

नई दिल्ली

अनुक्रम

देखते रहेंगे

चाहे सरकार
संता की हो या बंता की
जिंदगी तो एक सी रहेगी जनता की
वैसे ही गुजरेगी
जैसी गुजरती आई है
क्या करें जनता के मुकद्दर में तो
खाई है
चाहे सदी इक्कीसवीं हो,
बाईसवीं...
या इसके बाद
राजनीति के लड़ाके
इन्हें आपस में लड़ा के
इनकी लाशों पर रोटियां
सेकते रहेंगे
और फिर यही कहेंगे–
देखते हैं,
देखेंगे,
देखते रहेंगे।

खाते

जब हम गरीब थे
कितने करीब थे
दिनभर का साथ था
हाथों में हाथ था
सुनते सुनाते थे
खाते खिलाते थे
अब केवल 'खाते' हैं
खातों को खाऐंगे
खा पी सो जाएंगे।

बाल-बोध

बच्चे काबिल हों
पत्नी भली हो
चेहरे पर मुस्कराहट हो
जिन्दादिली हो
आँखों में चमक हो
जेब में माल हो
फिर क्या जरूरी है कि
सिर पर बाल हों।

मौलिक अधिकार

मांगे गए थे...
संविधान की समीक्षा के सुझाव
तो एक भूखे पेट ने...
आव देखा न ताव
लिखा...
मेरे मालिको, मेरे आकाओ
समय के साथ कुछ तो चेंज लाओ
मौलिक अधिकारों की सूची में
जोड़ दो तीन और अधिकार...
गरीबी, बेरोजगारी और भ्रष्टाचार।

रिश्ता

एक लड़की मुझ पर मरती थी
रोज इशारे करती थी
मैं अपने में मस्त रहा
पढ़ने में ही व्यस्त रहा
नव यौवना सुघड़ भोली
हिम्मत करके यूं बोली
ऋतिक रोशन जैसे हो
इतने अच्छे कैसे हो
सुनी प्रशंसा फूल गया
औकात स्वयं की भूल गया
लेकर मैंने लम्बी सांस
उससे कहा मुझे मत फांस
तेरा मेरा मेल नहीं
शादी कोई खेल नहीं
दे दिमाग से बात निकाल
हीरे पर मत डाका डाल
जाकर लल्लू पंजू देख
किसी और पर पासा फेंक

हाय आज पछताता हूँ
दिन भर अश्रु बहाता हूँ
छूमन्तर हो गया गुमान
ठण्डे हुए सभी अरमान
टूट रहा मन का विश्वास
कोई नहीं डालता घास
मुझको बिल्कुल चैन नहीं
चिन्ता है दिन रैन यही
'एज' न जाए कहीं निकल
सोच सोच कर हुआ विकल
क्या होगा मेरे भगवान
तू ही कर अब कुछ कल्याण
ऐसा कुछ जादू कर दे
मुर्गी फंसे यही वर दे
वो स्वभाव से मिर्ची हो
या फिर आड़ी तिरछी हो
गोरी पीली काली हो
चाहे नखरे वाली हो
टुनटुन की अम्मा सी हो
बिजली के खम्भा सी हो
हीरे, मोती या मूंगा
जो मांगेगी ला दूंगा
पत्नीव्रता रहूँगा मैं
उससे कुछ न कहूँगा मैं

सातों वचन निभाऊँगा
पूरा विश्व घुमाऊँगा
बोलूँ झूठ फरेब नहीं
मुझमें कोई ऐब नहीं
मेरी कोई शर्त नहीं
कैसी भी हो फर्क नहीं
मिले अगर तो बतलाना
रिश्ता जल्दी भिजवाना
बायोडाटा की प्रतियां
मेरी कविता की कृतियां
या फिर कोई और डिटेल
अगर चाहिए, भेजें मेल।

मंगल यात्रा

एक दिन जब मुझसे नहीं गया रहा
तो मैंने धरती माँ से कहा–
कि माँ समय बदला, शासन बदले
सैकड़ों आसन बदले
मगर तू नहीं बदली
तेरे मन में क्या है, ये तो मुझे नहीं पता
मगर एक बात, तुझे मेरी सौगंध
सच सच बता
कि क्या तेरे मन में ये विचार कभी नहीं कौंधते हैं
कि दिनभर ये करोड़ों लोग तुझ पर चलते हैं
अपने पैरों से रौंदते हैं
सुनके माँ हँसने लगी
बोली– बेटे, पहले भगवान मां को
कष्ट सहने की क्षमता देता है
तब कहीं जाके उसको ममता देता है
मैं माँ हूँ, दुनिया का हर आदमी मुझे
अपना बच्चा लगता है
इसीलिए अपने सीने पर इनका
चलना, मचलना अच्छा लगता है

लेकिन जब मैं देखती हूँ कि
मेरा एक बेटा दूसरे बेटे की साजिश का शिकार है
तब मुझे लगता है
मेरा माँ होना धिक्कार है
और...
ये जो जाति, धर्म, भाषा, देश, देशान्तर की रेखा है
सच बताऊँ,
मैंने दुनिया को कभी इस नजरिये से नहीं देखा है
आदमी चाहे दुनिया के किसी भी कोने में रहता है
उसकी रगो में रक्त मेरा ही बहता है
याद रखना–
आग सिर्फ होती है आग
चाहे पूजा की थाली का दीया लगाए,
गिरिजाघर की मोमबत्ती या मज़ार पर रखा चिराग
मित्रो, मैं मां को समझा रहा था
पर मन ही मन लजा रहा था
बोला...
मां, एक बात और पूछूँ?
बोली... कहो
मैंने कहा हम मंगल ग्रह तक पहुंच चुके हैं
ये देख कर तुम खुश तो हो?
माँ बोली, मैं खुश हूँ, बहुत खुश
लेकिन तुम्हें इतना बताना जरूरी है
कि जब तक दिलों से दिलों के बीच में दूरी है
तुम्हारी मंगल यात्रा अधूरी है।

लाजबाव

अंग अंग चादनी के
रंग में नहा रहे
ये कर्ण–फूल, पायलें
सब एक संग गा रहे
लग रहा शमां कोई यूं
वस्त्र में लिपट रही
कोटि दीप की चमक ज्यों
एक में सिमट रही
हवा तलक उलझ रही
वो जुल्फों में घुमाव है
ओंठ जो हिलें, लगे
थिरक रहे गुलाब हैं
गोरी ये हथेलियां
और नर्म तेरी बाहें हैं
कि मौलश्री के पुष्प,
रजनीगंधा की लताएं हैं
वेणी में गुंथे हुए
ये पुष्प खिल खिला रहे

कि मावस की रात में
सितारे झिलमिला रहे

रूप की है धूप और
झुके पलक की छाँव है
आँख है कि झील
जो लिए हुए शराब है
बिम्ब बनके बैठलूं मैं
पुतलियों की नाव है
बिजलियों के स्त्रोत से
ज्यों रिस रहा शबाव है
माथे पर ये बिन्दी है या
रूप का खिताब है
जो अभी पढ़ी नहीं गई,
तू वो किताब है
नूर है शुरूर है कि
तू ही आफताब है
तू खुद में एक पहेली है,
हर पहेली का जबाव है
खुद बतादे क्या कहूँ,
तू इतनी लाजबाव है
शब्द हैं गिने चुने और
हुस्न बेहिसाब है।

लगे हाथ

पिछले दिनों क्लब के ही एक फंक्शन में
क्रिकेट खेलते हुए...
श्रीमती जी का ध्यान थोड़ा बँट गया
क्रिकेट की बाल सीधे मुँह पर आ लगी
और एक ओंठ कट गया
हम तुरन्त लेके पहुँचे डॉक्टर के पास
डाक्टर ने कहा...
चिन्ताओं की बात नहीं है खास
केवल पचास रुपये का काम है
ऊपर के ओंठ में आएंगे टांके
हम बोले, फीस की चिन्ता मत करो– डॉक्टर बाँके
फीस आप पचास क्या, पाँच सौ लेना
पर टांके प्लीज दोनों में लगा देना।

गांधी जयन्ती

पिछले साल दो अक्टूबर
याने गाँधी जयंती के दिन
दिल में तूफान सा हो गया खड़ा
जब मैंने एक बेरोजगार से पूछा–
“गाँधी जी के बारे में क्या जानते हो?”
और वो... रो पड़ा
बोला– हमें क्या पता?
हमें क्या पता, गाँधी कैसे थे
हमसे पूछो नेहरू कैसे थे, तो बताएं
क्योंकि हमने सिर्फ सिक्कों पर छपे–
फोटो देखे हैं
नोट कहां से लाएं?
मैंने कहा– दोस्त,
मायूस मत हो
गाँधी महज व्यक्ति नहीं, विचार है
कोई फोटो या मूरत नहीं है
गाँधी को जानने के लिए
उन्हें देखने की जरूरत नहीं है

तुम तो स्वयं अपनी तकदीर
पसीने से लिखते हो
शीशे के सामने खड़े हो जाओ–
खुद गांधी दिखते हो।

शीशा

शीशा
किसी ने पिघलाया
किसी ने पीसा।
सबने अपने अपने तरीकेसे आजमाया
अलग-अलग ऊंचाइयों से गिराया
किसी ने जानबूझ कर छोड़ दिया
किसी ने कहा गलती से छूट गया
लेकिन शीशा शीशा है जनाब
नाजुक है न, इसलिये टूट गया
कितनों ने अपनी शोभा बढ़ाने के लिए
अपने लिबास पर टांका
कितनों ने न जाने कितनी बार...
उसके अन्दर झांका
उसकी हालत जानने के लिए नहीं
अपना हुलिया संवारने के लिए

नियति देखिए...
शीशा बेचारा,
जिसने सहस्त्रों बार दूसरों को संवारा

ताउम्र खूँटी पर टँगा रहा
न जाने कैसे-कैसे प्रतिबिम्बों का बोझ सहा
लेकिन क्या आपने सुना है...
किसी शीशे ने शिकायत में एक लब्ज भी कहा
जी हां शीशे शिकायत नहीं करते
क्योंकि वे नाजों से नहीं पले हैं
इन्हों ने अंगारों की तपन झेली है...
तब ढले हैं
लेकिन इतना जरूर याद रखना...
शीशा बहुत भावुक होता है
जब टूट कर बिखरता है...
बहुत रोता है
यूँ तो ये आपको आपका ही चेहरा
दिखाता है
पर प्यार से देखो, तो शीशा मुस्कराता है
शीशा बेजुबान है
क्या सिखाएगा
पर एक बात याद रखना
खुद टूटने पर भी
अपने हर टुकड़े में
ये आपको आपकी पूरी तस्वीर दिखाएगा
कभी-कभी मैं सोचता हूं-
क्या ऐसा भी दिन आएगा?
जब आदमी भी ऐसा कर पाएगा!

सपना

हर बार की तरह इस बार भी
जब घर में ही कट गई गर्मियों की छुट्टी
तो पत्नी भी बिगड़ गई,
बच्चों ने भी कर दी कट्टी
कितनी देर मनाया, राम जाने
सुबह से शाम हो गई पर नहीं माने
अचानक एक तरकीब आ गई ध्यान
पत्नी से कहा– जान!
तुम तो बेकार में करती हो झगड़ा
पता है, हमें चांस मिला है तगड़ा
बात ने उनके मन को छुआ
बोली क्या हुआ, क्या हुआ?
मैंने कहा– समझ लो सारी शिकायतें रिमूव हो गई
पता है– अपनी विदेश यात्रा की फाइल मूव हो गई
विदेश यात्रा की बात सुनते ही
सबकी तबियत खिल गई
तरकीब चल गई
थोड़ी ही देर में शान्ति हो गई

बच्चे भी सो गये पत्नी भी सो गई
धीरे-धीरे बात आई गई हो गई
करीब दो महीने हो गए इस बात को
मगर एक इत्तफाक हुआ परसों रात को
रात्रि का तीसरा प्रहर था
मैंने एक सपना देखा-
स्विटजरलैंड का कोई शहर था
मैं चला जा रहा था, सूटकेस लिए हाथ में
बीबी और बच्चे, भी थे साथ में
बिल्कुल नया अनुभव, एकदम नये नजारे
खड़ा हो कर देखने लगा, खम्भे के सहारे
न लम्बा सा घूंघट, न घाघरा न चोली
न लड़के और लड़कियों की अलग अलग टोली
न मुंह से सीटी, न कुहनी से टक्कर
न आंखों ही आंखों में, इशारे का चक्कर
न केलों के छिलके, न चाट के दोने
बड़े साफ सुथरे थे सारे ही कोने
लेडीज और जेन्ट्स सब एक समान थे
घुटनों से ऊपर तक सबके परिधान थे
बर्फ से ढकी चोटियां, देवदार के पेड़
ऊनों से लबालब थीं, छोटी-छोटी भेड़
कहीं धूप के झरोखे, कहीं बादलों की घटा
चारों ओर प्रकृति की अनुपम छटा
सब्जियों पर लगी थी बाकायदा पर्ची

सौ-सौ ग्राम की एक-एक मिर्ची
फलों तक का इतना अच्छा क्वालिटी कन्ट्रोल
कि दस फलों को देखें, तो सबकी एक ही तौल
पूरे देश में गजब की साफ सफाई
गन्दगी ढूढ़े से भी नजर नहीं आई
तो मन ही मन लगे सोचने...
जब इण्डिया वापिस जाएंगे
तो सबसे पहले क्वालिटी विभाग को बताएंगे
कि कितना सिस्टमैटिक देश है 'स्विटजरलैण्ड'
इसे तो पूरे के पूरे को मिलना चाहिए...
आई.एस.ओ. नाइन थाउजैण्ड!
तभी अचानक
हवा का झोंका आया भयानक
सूटकेस हाथ से छूट गया
सपना भी टूट गया
जागते ही सबसे पहले हमने अपनी
पत्नी को जगाया
पूरे सपने का आंखों देखा हाल सुनाया
सुनते ही बोली...
रात के तीसरे प्रहर में जो सपने आते हैं
सुना है उनमें से अधिकतर सच हो जाते हैं
मैंने कहा- सुना तो तुमने ठीक है
लेकिन क्या- करें, अपने स्टार्स ही कुछ वीक हैं
इतना सुनते ही बोलीं...

मारो गोली
व्यर्थ में चिन्ता. करना बेकार है
क्यों कहते हो– हमारे वीक स्टार हैं
विदेश जा नहीं पाते तो क्या हुआ?
आप कम से कम कल्पना तो कर लेते हो?
अजी, लाइफ को कूलली जीना ही बैस्ट है
पर मेरी एक छोटी सी रिक्वेस्ट है
कि, अगर जिन्दगी में कभी भी
फिर से दिखे स्विटजरलैण्ड का सपना
तो ध्यान से स्विस बैंक में एक
ज्वांइन्टस एकाउण्टस जरूर खुलवा देना अपना
मैंने कहा– खाता खोल भी लेंगे तो
क्या करेंगे?
सब जमा ही कर देंगे तो पेट कैसे भरेंगे
एक तो कमर तोड़ मंहगाई, ऊपर से इन्कम टैक्स
बोली– रिलैक्स, रिलैक्स
अब तो दो ही चीज जरूरी हैं
एक तो स्टेटस, दूसरा 'पैसा'
ये खाने वाने का कन्सीडरेशन कैसा
जो होगा झेलेंगे।
पी.एफ से लोन ले लेंगे
मैंने कहा– चलो मान लिया, लेकिन
अगर किसी को पता लगेगा कि हजार दो हजार रुपए
का खाता है, तो

हँसेगा
फब्तियां कसेगा
बोलीं–आप मन में व्यर्थ की चिंता लाते हैं
आप को नहीं मालूम
स्विस बैंक में खाते गुप्त रखे जाते हैं।
अब ऐसा तो है नहीं...
करोड़ों और अरबों वाले खातों को गुप्त रखें और
अपने हजार दो हजार वाले का ढिंढोरा पीट दें
और अगर पीट दें तो किसे परवाह है
कह देंगे क्या करें इतनी ही तनख्वाह है
और अगर हमें शर्म आ रही है
तो सरकार को भी आएगी।
विदेश भेजे न भेजे,
तनख्वाह तो बढ़ाएगी।

गठबंधन

कल रात सपने में चमत्कार हो गया
मैं कवि से पत्रकार हो गया
जब उड़ते-उड़ते सुनी नेता जी के
रोमांस की खबर
तो कागज कलम उठाई, पहुंच गया उनके घर
पहुंचते ही मैं बोला– दादा प्रणाम!
बोले... आयुष्मान!
कहो, कविता कैसी चल रही है
मैंने कहा– सबको तो अच्छी लगती है
हमीं को खल रही है
बोले ऐसा क्या?
मैंने कहा दुहरी खूबियों से अब ऊब गया हूँ
कुछ सोचते हैं, काम छोड़ के कविता में डूब गया हूँ
बोले– तुम तो चिन्ता करते हो, बेकार में
ऐसा कहते जरूर होंगे, लेकिन प्यार में
ऊफ मैं तो तुम्हारी बातों के झूले में झूल गया
तुमसे बैठने के लिऐ कहना ही भूल गया
बैठो, बैठो! बताओ किस काम से आए थे
मैं बोला दादा–

अब मैं हो गया हूँ पत्रकार
चाहता था छोटा सा साक्षात्कार!
बोले– पूछो
मैंने कहा आप शादी करने वाले हैं यह
बात कल मुझ से तीन चार लोगों ने कही
मैं तो अफवाह ही मान रहा हूँ–
आप ही बता दें गलत है या सही
शादी का नाम सुनते ही
नेता जी मुस्करा गए
बोले– हां बिल्कुल ठीक सुना है, हम भी गिरफ्त में
आ गए
मैंने कहा– दादा
लेकिन ये तो बताओ अचानक कैसे बदल गया इरादा
बोले– ये तो गठबंधन की राजनीति का हिस्सा है
बाद में सुनाऊंगा लम्बा किस्सा है
बस ये समझ लो...
सहयोगी मित्र का बार–बार रूठना फिर मान जाना
हमें इतना भा गया
कि दिल उसी पर आ गया
मैंने कहा वो तो ठीक है पर
मेरी एक ही दरकार है
ये जो आपकी सरकार है...
बात बीच में काटते हुए ही बोले–
ये सरकार–
अरे हम भी सोचते थे बच्चों का खेल है

चलाई तो पता चला, भारतीय रेल है
रूक रूक के चलती है और चल चल के रुकती है
बाप रे बाप इसमें बड़ी पावर फुकती है
मैंने कहा माफ करना दादा
हम विषय वस्तु से भटक रहे हैं...
असल बात शादी की करनी है
आप सरकार में अटक रहे हैं
बोले, बेधड़क... पत्रकारिता में भी तेज है
घूम फिर के फिर वहीं आ गया
तेरा दिमाग है या गोल मेज है
आज एक अधिवेशन विशेष है
इसलिए जो पूछना हो पूछ लो..
तुम्हारे लिए तीन मिनट शेष हैं
मैंने कहा... क्या आपको नहीं लगता
शादी के लिए आप ओवर एज़ हैं
बोले राजनीति और प्यार में सब जायज है
तो क्या आपको लगता है
इतनी उमर में गृहस्थी बस पाएगी?
बोले....गृहस्थी की परवाह किसे है
सरकार तो बच जाएगी
और एक आखिरी सवाल–
जब ये ही करना था तो अब तक क्यों रहे
बजरंगवली?
मुस्करा के बोले... बरखुरदार!
तुम्हें पता नहीं दुर्घटना से देर भली।

फैशन शो

जिन्दगी में पहली बार
जैसे ही हम एक फैशन शो में जाने को
हुए तैयार
हमारे मित्र आ गए चार
बोले- और भाई बेधड़क
आज तो बहुत ब्राइट लग रहे हो
सफेद कपड़ों में तो बिल्कुल
ट्यूब लाइट लग रहे हो
लेकिन यार इतनी जगह—
जो कपड़ों से खाली पड़ गई है
ऐसा लगता है जैसे ट्यूब लाइट
एक सिरे पर काली पड़ गई है
हम समझ गए, आज दोस्तों के हाथों
सामत आई है
इसलिए, कपड़े चेंज कर लेने में ही भलाई है
लिहाजा हमने पहनी एक गुलाबी शर्ट, काला–पैण्ट
बुशर्ट में लगाया रात की रानी का सैण्टल
और मित्रों को साथ ले—

दिल्ली के एक लेडी कालेज में
फैशन शो में
पहली ही रो में
सीट खाली देखकर
जम कर बैठ गए
थोड़ी ही देर में एक मित्र हो गया शुरू
बोला– गुरु!
क्या बात है आज तो एकदम मौन है
दूसरा बोला– चुपकर, पहले ये बता–
इनमें सबसे अच्छी- कौन है
इसी प्रकार तीसरे ने, फिर चौथे ने, कुछ कहा...
मैं शुरू से अंत तक चुप ही रहा
मित्रो, फैशन के नाम पर उस 'शो' को देख के
हम एक दम खिन्नत थे
क्यों कि हमारे तो संस्कार ही भिन्न थे
कार्यक्रम जैसा भी था
मानसिक कष्ट मित्रों की वजह से भोगा
जब मैंने कुछ दृश्यों पर आपत्ति की
तो बोले...
क्या सोचकर आये थे...
कीर्तन होगा?
प्रोग्राम खत्म होते ही हम बाहर निकले
तो बाकी के मित्र तो भीड़ में खो गए
हम एक जगह खड़े

भीड़ छंटने का इंतजार करने लगे,
इसी में दस मिनट हो गए
एक बार फिर बता दूँ
ये केवल इत्तफाक था
वक्त का बेवक्त मजाक था
कि हमारी गुलाबी शर्ट थी, काला पेण्ट था
बुशर्ट में रात की रानी का सैण्ट था
दो मनचले दूर खड़े हमें देख रहे थे
कम्बख्त इस कदर पीछे पड़ गए
कि हमारे लिए आपस में ही लड़ गए
एक बोला- गुलाबी वाली मेरी है
इतना कह के उसने जैसे ही शीटी बजाई
हमने चौंक कर गर्दन पीछे घुमाई
जैसे ही उसने देखा- लड़का
वो जोर से कड़का
तुम्हारे पास कोई और कमीज नहीं है
कम्बख्त कपड़े पहनने तक की तमीज नहीं है
पता है तुम्हारे चक्कर में कितनी निकाल दीं?
बोला करते क्या हो?
मैंने कहा... कवि हूँ, कविता करता हूँ,
कहो तो सुनाऊँ?
इतना सुनते ही वो सारी स्थिति भांप गया
कविता का नाम सुनते ही...
सिर से पैर तक कांप गया

मैंने फिर कहा– कविता सुनाऊँ?
हाथ जोड़ के बोला–
मेरे साथ दो और हैं
कहो तो उन्हें भी बुला लाऊँ
पता नहीं कविता का नाम सुनके इतना क्यों घबड़ाया?
दो को बुलाने गया था–
खुद भी लौट के नहीं आया–
आज तो ऊपर वाले की मेहरबानी से
इतने सारे आए हैं
इसलिए हम भी अपना काव्य संग्रह साथ लाए हैं
एक–एक को हँसाए बिना नहीं हिलेंगे
जी खोल के तालियां बजा लीजिए
क्योंकि इतने अच्छे कवि फिर आपको नहीं मिलेंगे–
तो लीजिए कविता शुरू कर रहा हूँ
तालियां बजाइए...!

विजिट 'पे कमीशन' की

रेल कोच फैक्ट्री में 'पे कमीशन' के आने की बात...
जब हमने अपनी पत्नी को सुनाई
तो पत्नी झल्लाई
हमने तो दो ही शब्द सुने हैं...
कमीशन देना या कमीशन खाना
आज तक नहीं सुना... ये कमीशन का आना
मुझे याद है, जब मैं छोटा था...
तब एक बार मैंने अपने पापा से पूछा
पापा, कोई ऐसा तरीका नहीं है जिससे
आपकी तनख्वाह दुगनी हो जाए
बोले- बेटा तनख्वाह दुगनी होने के लिए
पे कमीशन बैठता है
'पे कमीशन' क्या बला है, ये तो उस समय
समझ में नहीं आया
हां इतना अवश्य समझ में आया कि
तनख्वाह दुगनी करने के लिए
कोई चीज जरूर है जो बैठती है
अब जब मैं बड़ा हो गया

तो देखा 'पे कमीशन' खड़ा हो गया
खड़ा हो के घूमने लगा
ये देख के ही मैं झूमने लगा, कि
अगर पे कमीशन के बैठने से ही तनख्वाह
दो गुनी हो जाती है
तो जब ये खड़ा हो के घूमेगा
तब तो हमारा वेतन आसमान चूमेगा
यही सोचते-सोचते मैं विचारों में खो गया
खैर, अब तो पे कमीशन की रिपोर्ट भी आ गई
और लागू भी हो गया
अभी एक दिन एक सज्जन से बात की...
इस बार तो पे कमीशन ने कई सुविधाए भी दीं
पे भी बढ़ाई
अब तो खुश होंगे- बड़े भाई
तुनक के बोला- इसमें खुशी की क्या बात?
कोई मेरे अकेले की थोड़े ही बढ़ाई है?
जी हां, हमारी सोच की यही सच्चाई है...
कि हमारे पेड़ की छाया तो घनी रहे
पर पड़ोस की जमीन बंजर ही बनी रहे...

दिल

टूटे हुए दिल को सहारा दीजिए साहब
ये आप की खातिर गबारा कीजिये साहब
जुर्म-ए-मुहब्बत की सजा के जख्म गहरे हैं
मत आप यूं हमसे किनारा कीजिये साहब
नाचीज का रौशन सितारा कीजिये साहब
अब दर्द दिल का मत दुबारा दीजिये साहब
डूबती कश्ती को साहिल की जरूरत है
इसे यूँ ही डुबोकर मत नजारा कीजिये साहब।

कविता मौन खड़ी है

शब्द हुये हैं लंगड़े, कविता मौन खड़ी है
बड़ी ही अशुभ घड़ी है।
बीज धर्म के कट्टरता के जल ने सींचे
जला रहा खुद का घर मानव आंखें मींचे।
सोने की चिड़िया लोहू से सनी पड़ी है।
बड़ी ही अशुभ घड़ी है।
अबलाओं के क्रन्दन स्वर संगीत लग रहे
आंसू बनकर कवि-उर के अरमान बह रहे
आपसी बैर और वैमनस्य् की फसल खड़ी है।
बड़ी ही अशुभ घड़ी है।
अधिकारों के जंगल में कर्त्व्य खो गये
मंजिल क्यु रस्ते तक भी नीलाम हो गये।
हर चेहरे पर निहित स्वार्थ की खाल मढ़ी है।
बड़ी ही अशुभ घड़ी है।
हिंसा रक्ती पिपासु नर की पायल है
कंकाल बन गया काल, आत्माय घायल है।
आज राष्ट्री पर राजनीति की मार पड़ी है।
बड़ी ही अशुभ घड़ी है।

जोरू का गुलाम

क्या सोच रहे हो?
पत्नी ने प्रश्न किया...
मैं चुप हो गया, उत्तर ही नहीं दिया
उत्तर देने से भी क्यो फर्क पड़ता
प्रश्नों का सिलसिला और बढ़ता...
ऐसा क्या सोच रहे हो?
तुम्हें क्या लेना देना?
और भी काम हैं...
अब कोई सोचे तो सोचता रहे...
डरता है, जोरू का गुलाम है।

नव वर्ष

नव वर्ष आपके जीवन में खुशियां लाए
नए वर्ष में पति भी जल्दी घर आए
हँसी खुशी से बर्थडे और त्यौहार मनें
'डी.ए.' से कंगन और 'पे' से हार बनें
नए वर्ष, बच्चों को ना तकलीफ मिले
स्कूलों की जिस-जिस दिन की छुटटी हो
उस दिन मम्मी पापा को भी लीव मिले
गऐ वर्ष में कुछ घर के आंगन चहके
नए वर्ष में हर घर की बगिया महके
मैं देख रहा हूँ कुछ की है तबियत मचली
सही कहा है... 'कभी नहीं' से 'देर भली'
नऐ वर्ष में डॉक्टर भी कम व्यस्त रहें
यही कामना ईश्वर से सब स्वस्थ रहें।

आदमी

इसे मत कहो आदमी
यदि ये आदमी होता
तो इसकी धमनियां पिघल जातीं
सांसें ऊन जातीं
इसका रोम-रोम बगावत कर देता
खुद की करतूतों के अंदेशे मात्र से
अब ये आदमी नहीं
बैशाखियों के सहारे चलता
बारूद का ढेर है
होश में रहकर भी इसे होश नहीं
ये तो आदमी के नाम पर अंधेर है
इसी के कारनामों के असर से
आज गंगाजल भी खारा है
क्योंकि गंगा अब गंगा नहीं
हिमालय की अश्रुधारा है
मुझे डर है कि कहीं
इसकी रगों में बहता हुआ तेजाब
अपना असर न दिखा दे

कहीं ऐसा न हो कि इसका जालिम हाथ उठे
और इसी की गर्दन दबा दे
या कहीं पागल न हो जाए ये
शीशा देखकर
कि इसकी आंखों के आगे ही
एक आदमी अभी जिन्दा है
अरे अपनी नस्ल खत्म करने पर तुले
दो–पाये
तेरी नासमझी पर
शर्मिन्दगी भी शर्मिन्दा है।

गजल

इस डगर से ही समय का कारवां गुजरा किया
मैं ही था वो नासमझ जो बेखबर सोता रहा
आदमी को एक करने की महज उम्मीद में
पत्थरों में एकता के बीज में बोता रहा
बेकाई को समझ कर एक प्यारी सी का
मैं सुनहरे ख्वाब में उम्मीाद के खोया रहा
इस जहां के वास्ते खुद लुट गया बाजार में
ये जहां फिर भी न जाने क्यों खफा होता रहा
खुद-ब-खुद बोझिल बना ली जिन्दगी की पोटली
गैर के बोझे को अपने सर पर मैं ढोता रहा
रह न जाए दर्द का अहसास दुनिया में कहीं
सोचकर ये ही जेहन में दर्द क्या-क्या न सहा
जिंदगी भर गैर के अश्कों को पी पी कर महेश
बेच दी खुद की खुशी और उनके गम धोता रहा
बस यही तकलीफ मुझ पर अब जमाना हंस रहा
मैं अकेला बैठकर रोता रहा।

फुर्सत किसे है

सड़कों के किनारे पड़ीं
दधिची की प्रतिमाएं
स्वार्थ की आग में
झुलसती हुई आस्थाएं
किनारों से सिर फोड़ती हुई
लहरों की आहें
भीड़ भरी बस्ती की
ये सुनसान राहें
आखिर क्यों?
ये सोचने की फुर्सत किसे है?
देख कर अनदेखा करने की
हमारी आदत
आदत नहीं, बल्कि मजबूरी
आदमी और आदमी के बीच
बढ़ती हुई दूरी
कोठियों और कोठों के बीच
प्रगाढ़ होते हुए रिश्ते
सच को झूठ

और झूठ को सच का
प्रमाण पत्र देने वाले
ये पैदाइशी फरिश्तो
मुट्ठी भर दानों के लिए
नीलाम होती हुई जिन्दगी
आखिर क्यों?
ये सोचने की फुर्सत किसे है?
हाय हम मुट्ठी भर धूल भी नहीं झोंक सकते
अपनी इन आंखों में
क्योंकि हमें सिर्फ बिखराव आता है
भले ही एक मुटठी ही सही
परन्तु इकट्ठा करने की
फुर्सत किसे है?

यूँ नाम तेरा गूंजे

चंदा की तरह चमके
सूरज की तरह दमके
ऐ लाल जगत में तू
चन्द न की तरह महके
हर पल सबेरा हो
सुख का बसेरा हो
जीवन में तेरे हर क्षण
खुशियों का डेरा हो
जीवन के गुलिस्तां में
बुलबुल की तरह चहके
ऐ लाल...
समृद्धि दासी हो
सामर्थ्य धारा सी हो
तेरे चरण सफलता चूमे
ना कभी उदासी हो
यूं नाम तेरा गूंजे
जैसे राग हों सरगम के
मेरे लाल...

हर ले तम, हर घर का
प्रतिमान बने नर का
हो प्रगति नियति तेरी
योग्यता बने चेरी
पुलकित हो अम्बर भी
जब प्यार तेरा छलके
ऐ लाल...

स्वप्न सुन्दरी

एक गौरवर्ण जाके अधर लाल
नर्गिशे-मस्तल करती हलाल
छरहरा बदन कोकिला बोल
वो रूपमती कोमल कपोल
यूं मचल रही मुस्कान मंद
जैसे सागर तट पर तरंग
जुल्फों के बीच अपूर्व छटा
लख जिसे चन्द्रं का मान घटा
लम्बे पतले रेशमी बाल
चंचल हिरणी सी चतुर चाल
वह पतली कमर मटकात जात
मन पर बिजुरिया गिरात जात
सुन्दर अति नाजुक सरस गात
करता जो दिल पर बज्रघात
ज्यों अमर बेल सी बल खाती
रूपसि के तन पर इठलाती
कटि ऊपर वेणी है शोभित
मन पंछी है जिस पर मोहित

माथे पर बिंदिया चमक रही
यौवन की ज्वाला दमक रही
कंचन कामिनी वह चलत जात
पैरन में पायल बजत जात
पग ठिठक गये... ठहर गए
कम्बख्त रात्रि के प्रहर गए
जब प्रातः हुई आंखें खोली
बन गई याद, सूरत भोली
वो नूर न जाने कहां गया
बेधड़क स्वप्न में छला गया।

एक और द्रोण

भवन के बाहर एक गार्डन का दृश्य
बीच में गुरु द्रोण है, साथ में शिष्य खड़े हैं
आज सबकी परीक्षा होनी है कि वे कितना पढ़े हैं?
सबसे पहले गुरु ने युधिष्ठिर को बुलाया
उसकी पीठ को हल्के से थपथपाया
"बेटा, युधिष्ठिर"
करले अपनी दृष्टि स्थिर
ठहर अभी निशाना मत लगा
तुझे क्या दिख रहा है पहले ये बता
युधिष्ठिर ने देखा,
बोला- गुरुदेव, जो कुछ हो रहा उसे देखके मुझे पीड़ा हो रही है
मुझे लगता है भवन में द्युत क्रीड़ा हो रही है
इसके बाद आया दुर्योधन का नम्बर
गुरुजी ने उसे भी सारा दृश्य दिखाया
बोला---गुरुदेव, ये दृश्य अब ज्यादा सहा नहीं जाता
मुझसे अब बाहर रहा नहीं जाता
गुरुदेव जिन्हें मैं ढूँढ़ रहा था कहां हैं?
वे विकट योद्धा

कूटनीतिज्ञ,
चालबाज,
कौरववंशी
तो सब के सब यहां हैं।
उनसे जाके तो मिल लूँ
तातश्री, मामाश्री, सालाश्री के लिए कितनी और सीटें खाली हैं,
ये भी गिन लूँ
इस तरह एक-एक करके सबका नम्बर आया
गुरुजी ने सबको अंदर का दृश्य दिखाया
अंत में जब अर्जुन का नम्बर आया
गुरुजी ने उसे भी बुलाया........
हे अर्जुन!
पहले मेरी बात ध्यान से सुन......
अर्जुन बोला–यहां के तो अजीब राग हैं
कौवे हैं, चील हैं, गिद्ध हैं, नाग हैं
सब सत्ती की मदिरा पी के मस्त है
गुटबाजी और उछल-कूद में व्यस्त हैं
लेकिन सब में इतना छल है
कि मारना तो दूर, पहचानना भी मुश्किल है
गुरुजी ने कहा----अर्जुन
दृष्टि चारों कोनों में फेंक
कोई भी धारणा बनाने से पहले
गंभीरता से देख

अर्जुन बोला----बिल्कुल ठीक कहा गुरुदेव---------
सामने जो पटल है
उस पर एक कबूतर भी बैठा है जो 'अटल' है
अपने आप में खोया-सा है
जागे हुए भी सोया-सा है।
उसके अन्दर तो जैसे बैराग्य है, लगन है
और वो राजनीतिक दबाव से मुक्त, अपने काम में मगन है
अर्जुन ने देखा एक पल को सोचा, विचार किया......
तीर चढ़ाया, निशाने पर मार दिया....
इस घटना के बाद का तो आपको पता है........
दुर्योधन, अर्जुन सबके सब लापता हैं......
पता नहीं भीड़ में कहां खो गए
लगता है कौरव पाण्डव एक हो गए।

जीवन

जाड़े के दिन
गोधूलि का समय
भगवान भास्कर
अपना तामझाम लपेटकर चल दिये
हां उसी चौराहे पर
जिसकी सूनी मांग
सैकड़ों बारातियों के सामने
आज ही भरी गई थी
मैं चुपचाप अकेला खड़ा
चेहरे पर उंगलियां फिरा
अपनी आंखें टटोल रहा था
जो दिन के उजाले में खुली ही रहती हैं
पास ही पड़ा था निर्जीव फ्रेम
जीवन जंजालों से विरक्त
और उसका झोला रिक्त
खुली धूप में
कमबख्त को क्या मालूम था कि
झोले की सिलाई उधेड़ी होती
तो आज काम आता

कफन के रूप में
जो भी पास से गुजरता
फुर्र से निकल जाता
सच है सीधा और निरीह आदमी
जीवित हो या मृत, बहुत ही खौफनाक लगता है
भीड़ अब काफी आगे निकल चुकी थी
गूंज रहे थे सिर्फ पदचाप,
हवा की सनसनाहट और एक फुसफुसाहट
कि अभी तो जाड़े हैं
गर्मियों में दिन और भी बड़े होंगे।

प्रवचन की सीख

एक आश्रम में प्रवचन हो रहा था
महात्मा ने कहा........
जब भी कहीं जाओ
वहां की अच्छाई ग्रहण करो.....
बुराई वहीं छोड़ आओ
महात्मा की सीख रंग लाई
एक स्त्री ने किसी की नई चप्पलें पहनीं
और अपनी पुरानी वहीं छोड़ आई।

किस पर कविता लिखूं?

कल ही मेरे मित्र ने कहा.....
क्या बात है
आजकल कुछ नया भी नहीं लिखते हो
फिर भी बहुत कम दिखते हो
हमने कहा क्या बताएं
कारण एक हो तो सुनाएं
एक तो नौकरी के ही हजार गम हैं
दूसरा, कविता के लिए विषय भी कम हैं
बोले ..... आपके सीने में दिल है
आंखों में नमी है
फिर कविता के लिऐ
विषय की क्या कमी है
अपने हाल पर लिखो
नऐ साल पर लिखो
पिल्ले के खोने पर लिखो
मुन्ने के खिलौने पर लिखो
मैंने कहा ये विषय बहुत कॉमन है
मुझे कुछ चेंज चाहिऐ

कोई आकर्षक विषय सुझाइये
मित्र बोला...... ऐसा करो
किसी प्रेमी युगल की प्रेम कथा पढ़ो
एक गीत रोमांस का गढ़ो
मैंने कहा.....रोमांस हमें बिलकुल सूट नहीं करता
निजी जिन्दगी में ही नहीं करता तो
कविता में क्या करेगा
बोला.....
देखकर देश के कल को, आज को
दुनिया को, समाज को
फूट फूटकर रोलो
शब्दोंट को आंसुओं के धागे में पिरोलो
तो, मैंने वहीं दो पंक्ति बनाके पेश की....
'राम राज्य के सपने के बोझे के नीचे
आंगन खटिया बिछा गरीबी सोती है
शुष्क दूध के डिब्बों पर पलने वालो
तुम्हें पता क्या ममता कैसी होती है?'
मित्र बोला......ठहरो, ठहरो।
कविता लिख रहे हो या सारांश
धुंआ उठाओ, चिंगारी मत बनो
कविता लिखो, क्रांतिकारी मत बनो।
और हां
अगर परिस्थिति देखके कविता लिखने का चाव है
तो मेरे पास एक और सुझाव है

ये लो–ये है भविष्य के भारत का चित्र
मैने कहा–आइडिया तो अच्छा है मित्र
लेकिन क्या कारण है इसमें
कुछ लोगों के
सिर नहीं दर्शाए हैं
मित्र बोला ये चंद राष्ट्र भक्त हैं जो
शर्म के मारे सिर झुकाए हैं।

शादी का चक्कर

अब तो प्रौढ़ावस्था की दहलीज पर हैं
बस थोड़ी-सी जवानी लीज पर है
वरना उन दिनों जब हमारी जवानी का उठान था
पूरा का पूरा शहर हमारी अदाओं पर कुर्बान था
लोग हमें सीरियसली कन्हैया कहते थे
हां कुछ ऐसे भी थे जो चिढ़ाने के लिऐ.........
'भैया' कहते थे
तब हम आइने में घण्टों अपनी सूरत ताकते थे
और जब कभी 'क्यू' में खड़े होते तो.........
बुकिंग क्लर्क विण्डो से झांकते थे
अरे क्रीमों के लेप से इतनी चिकनी हो गई थी हमारी
खाल
कि लड़कियां भी आपस में कहती थीं.........
देखो-इसे कहते हैं माल
लेकिन इनता सब होते हुए भी हमें केवल
एक ही बात का था गिला
कि उस 'पीक' टाइम में तीन साल तक
कोई जौहरी नहीं मिला

एक शाम मेरा मित्र
राम लुभाया
हमारे लिए कानपुर का एक रिश्ता लेकर आया
खास मित्र बीच में, फिर कैसी ना-नुकुर
कन्या देखने पहुचँ गए कानपुर
गोरी, लम्बी, स्लिम और भोली
देखते ही हमें लगा कि हमारी होली
देखने के बाद जब हम लौटे
तो क्यो गली क्या मौहल्ला
चारों तरफ हो गया हल्ला
अरे आप ही बताओ...........
शहर का मोस्ट एलीजिबल 'वर'
फिर भला किसे नहीं होगी खबर
तभी आए मेरे एक बचपन के मित्र
जिनके अनुभव, हमसे जुदा थे
क्योंकि हम कुंआरे और वे शादी शुदा थे
निहायत भोले........
समझा के बोले.......
बीबी और मां में शुरू से ही तालमेल बिठाना
और जब जो सामने हो उसी की हां में हां मिलाना
सुनना उनकी, करना मन की
ऐसे ही रोज सुबह से शाम तक लगे रहे लोगों के तांते
जितने तरह के लोग उतनी तरह की बातें
होते-होते पंद्रह दिन हो गए तो माथा ठनका

न कोई फोन आया न खत आया उनका
सारी खुशियां काफूर हो गई
हमें लगा, कोई गड़बड़ जरूर हो गई
कि अचानक
अगले दिन ही आ गया खत
भाभियों ने इतना हुड़दंग किया
सर पर उठा ली छत
बोलीं देवर जी, क्या जादू करके आए थे......
क्योंकि चिटठी बहुत मोटी थी
सब प्रसन्न थे
केवल हम सन्न थे
क्योंकि जानते थे
चिटठी-विटठी कोई नहीं हमारेलेखन की कसौटी थी
जो कविता छपने भेजी थी, वही लौटी थी

रेल यात्रा

काफी दिन टलते-टलते, एक दिन निकल ही आया
मुहूरत
पकड़ी फ्रन्टियर मेल, चल दिए सूरत
मित्रो, रेल की पटरियों पर जब डिब्बा.......
अपनी पूरी मस्ती में डोलता
तो कोई-न-कोई यात्री, एकाध व्यक्ति.......
रेल की प्रशंसा में जरूर बोलता
एक कहने लगा.......यार हद होती है लूट की
टिकिट ट्रेन की काटी है, सवारी है ऊंट की
दूसरा कहने लगा......
इन रेलवे वालों की वजह से
नाक में दम है
लगेज के लिए जगह कितनी कम है
दो घण्टे से सूटकेस टांगों पर लदा है
बताओ, रिजर्वेशन का क्या फायदा है
और अब तो स्थिति ऐसी हो गई है
आंखें चल रहीं हैं, टांगें सो गई हैं
और इसी तरीके से पूरी रात

कोई न कोई किसी न किसी मुद्दे पर......
छेड़ता रहा बात
हालांकि हमें सीट मिली हुई थी
पर मन ही मन हम भी हो रहे थे चिड़चिड़े
क्यों कि झटके में कई बार लोग
हमारे ऊपर ही गिर पड़े
और अफसोस इस बात का, कि.......
जितने भी गिरे उनमें एक भी काम का नहीं
सबके सब ट्रक के मॉडल थे
स्विफ्ट और नैनो एक भी नहीं
खैर, हम थोड़े बहुत परेशान से
परन्तु इत्मीनान से सूरत पहुँचे
लेकिन सूरत पहुँचते ही हमारे साथ
एक घटना घट गई
प्लेटफार्म पर उतरते ही हमारी जेब कट गई
मामला विचित्र था
रुपये तो बच गये लेकिन कागज निकल गऐ
जिनमें से एक हमारी पत्नी द्वारा लिखा गया पहला पत्र था
पत्र का खो जाना हमारी भावनाओं को एक धाक्का था
क्योंकि उसमें हमारी पत्नी ने हमें पहली और आखिरी बार
डार्लिंग लिखा था
उस समय के हिसाब से
ट्रेन ज्यादा लेट नहीं थी
सुबह की जगह शाम को पहुंची थी

पर डेट वही थी
कवि सम्मेलन शुरू होने में देर थी
इसलिए सोचा
क्यों न पत्नी के लिए ले लें एक तोहफा।
खासा बड़ा कपड़ा मार्केट
कम से कम दो-ढाई सौ शॉप
लेकिन ज्यादातर पर वही
स्कर्ट, ब्लाउज,
जींस और टॉप
सोचा खाली हाथ लौटने से
अच्छा कुछ-न-कुछ ल जाएं
लेकिन आपको क्या बताएं
जब हमने दुकानदार से कहा-
पत्नी के लिए दिखाइए एक
ब्लाउज पीस
आप यकीन नहीं करेंगे
पांच-पांच सेन्टीमीटर की
कतरनें ले आया दस बीस
बोला टैरीकोट में इतने ही पीस हैं
कॉटन में कहेंगे तो और छाट देंगे
छोटा चाहिये तो छोटा काट देंगे
हम उस पर बिगड़ गए-
हमें बेवकूफ बना रहे हो
एक मीटर के ब्लाउज पीस के बदले

कतरनें दिखा रहे हो?
बोला नाराज क्यों होते हो
जब पूरी पीढ़ी की पीढ़ी ही
फैशन में मदहोश है
तो इसमें दुकानदार का क्या दोष है
अरे हम तो खुद
थोड़ी स्लो रफ्तार से जाते हैं
वरना हमारे पास
कस्टमर तो एक-से-एक आते हैं
इन कतरनों में भी च्वाइस बताते हैं-
नेट में नहीं होगा क्यां?
अब आप ही बताएं
दुकानदार तो वही बेचेगा
जो ग्राहक चाहेगा
इक्कीसवीं सदी में
मोहनजोदड़ो और हड़प्पा की सभ्यता
कहां से लाएगा?
आपको ये पीस
कतरनें दिख रहे हैं,
आपके विचार महान हैं
परन्तु कल यही पीस
मैंने मल्लिका शेरावत को दिखाए
तो कह रही थी-
भाई साहब ये पीस हैं?

ये तो थान हैं।
वो तो गनीमत है
आप सूरत में खड़े हैं
यहां गांधी जी का राज्य होने का------
कुछ तो असर है
वरना यहां से थोड़ी ही दूर
जो मुम्बई शहर है
वहां की फैशन देखके तो
आपका दम निकल जाएगा
अरे एक मीटर कपड़े में तो
पूरी फिल्म इंडस्ट्री का
काम चल जाएगा।
मित्रें, उसकी बातें सुनके,
मेरा विश्वास जगने लगा
और मुझे लगने लगा
कि हम आधुनिकता के घोड़े पर
भले ही सवार हैं
प्राकृतिक ढंग से जीने की
हमारी मंशा
अभी भी बरकरार है
इसलिए कहीं ऐसा न हो-------
हम फेंककर शरीर से कपड़े लत्ते-
फिर से लपेटने लग जाएं पत्ते।

चॉइस

एक दिन एक मित्र के कमरे में बैठा था
कि बात छिड़ गई
उंगली से शुरू हुई
पहुँच तक बढ़ गई
बोला सुष्मिता और ऐश्वरर्य में कौन-सी श्रेष्ठ है
मैंने कहा तुलना कैसे करें.......
दोनों का अलग-अलग टेस्ट है
वो तो हम जानते है कि बात तो ये सच्ची है
जब जो दिखती है, लगता है वही अच्छी है
पर ये कोई बोलने की बात थोड़े ही है।
इसलिए मैंने कहा...........
छोड़ो भी इन बातों में कोई दम नहीं है
दोनों ही अच्छी हैं, कोई कम नहीं है
अपुन फालतू में क्यों बुरे बनें?
अपनी बीबी से पटती नहीं, सिने तारिकाओं
से भी बिगाड़ लें
लेकिन मित्र तो मित्र, अपनी बात पर अड़ गया
हाथ धो के पीछे ही पड़ गया

इसके बाद जब भी कहीं टकराता
वही प्रश्न दुहराता--------
सुष्मिता और ऐश्वर्या में कौन-सी श्रेष्ठ है?
वो तो बिल्ली के भाग से छींका टूट गया
एक दिन अखबार पढ़ा तो प्रश्न से पीछा छूट गया
एश्वर्या की अभिषेक से शादी हो गई
ये पढ़ते ही मैं सीधे मित्र के घर भागा
मुझे देखते ही उसने वही प्रश्न दागा......
तो मैंने उसे बुरी तरह फटकारा
खबरदार जो ये प्रश्न किया दुबारा
अरे, तुम्हें इतना तो जानना चाहिए
ऐश्वर्या अब अभिषेक की पत्नी है
पराई स्त्री को मां और बहन
मानना चाहिए।

टेंशन

जब बड़ी-बड़ी महत्वाकांक्षाओं के वृक्ष
लोगों के मन में पलते हैं।
तो वे अपने विचारों का पुलिन्दा लिए हुए
बच्चों के कन्धों पर सवार होकर चलते हैं।
उन्हें लगता है
जो कुछ भी वो अपनी जिन्दगी में
हासिल नहीं कर पाए।
उसे वे
बच्चों के माध्यम से करवाएं।
हमें लगता है, बच्चे
हंसी-ठिठोली, मस्ती-वस्ती
भूल जाएं
खड़ा होना बाद में सीखें
पहले स्कूल जाएं
इसलिए
जिस उम्र में बच्चे
खेलते हैं, हँसते हैं, रोते हैं।
उस उम्र में आज के दौर के बच्चे
बस्तों का बोझ ढोते हैं।

डिसाइड

साथियो ऐसी भागमभाग की जिंदगी में
आदमी
हांफते हुऐ भी दौड़ता है
अपने लिये, अपने परिवार के लिये
हंसी खुशी के
दो पल भी नहीं छोड़ता है।
जब परिस्थितियां ऐसी होती हैं
तो कविता का जन्म होता है–
दो महिलाओं में बात चल रही थी
एक ने दूसरी से पूछा, बहिन
तुम अपने बच्चों को क्या बनाओगी ?
दूसरी बोली–अभी तो छोटे हैं
पर सोचा है...
एक को डाक्ट्री पढ़ाएंगे
दूसरी इंजीनियरिंग में जाएगी
और तुम?
पहली बोली–क्या बताऊँ.....

समय बहुत तेजी से बदल रहा है
अभी तक कुछ डिसाइड ही नहीं कर पाई
जबकि प्रेगनेन्सी का
चौथा महीना चल रहा है।

बापू का देश

हम, बापू के देश की नई पीढ़ी
चढ़ चुके हैं एक और सीढ़ी,
अपनी जिम्मेदारी से हाथ झाड़कर
पूरे जोश के साथ भाग लेने लगे हैं दंगों में
और खुद ही एक-दूसरे के कपड़ों को फाड़कर
शामिल हो गए हैं नंगों में।
और अपनी इस गलती का अहसास हमें तब होगा
जब हम दुनिया के सामने लोन के लिए हाथ पसारेंगे
और दुनिया हमारी हालत देखकर हँसेगी
और फब्तियां कसेगी
कि देश के पैसे से तो फण्डर देते हैं दंगों को
भगवान अक्ल कब देगा इन भिखमंगों को।

जिम्मेदार

पता नहीं क्यों हो गए हैं हम इतने लाचार
कि स्वेच्छाचार को समझने लगे हैं 'स्वच्छ आचार'
और वे जो कहते हैं कि क्या करें मजबूरी है
उनके लिए भी ये समझ लेना जरूरी है
कि... अत्याचार को सहना
या देखकर भी तटस्थ रहना
गंभीर अपराध है, पाप है
जिम्मेदार वो तो हैं ही जो अपराध करते हैं
पर उतने ही जिम्मेदार...
हम और आप हैं।

धर्म निरपेक्ष

हड्डियां भुरभुरी हो रही हैं,
रक्त नीला हो रहा है
गरीबी में आटा गीला हो रहा है।
मैंने पूछा... और?
बोला... उधर करिए गौर
वो जो उधर बैठा है
ये इसका छोटा बेटा है
एम.एस.सी. फर्स्ट-क्लास है
इसे नौकरी की तलाश है
पूरा घर भूखों मर रहा है
इसीलिए ये अपनी आत्मा को मारकर
तपती धूप में भी बनियान उतारकर
साठ रुपए रोज पर बेलदारी कर रहा है
मैंने पूछा... और बड़ा बेटा?
बोले वो बहुत बड़ा नेता है
जो घर में फूटी कौड़ी भी नहीं देता है
सुनते ही मेरा दिल भर आया
मैंने पूछा- उसे किसी ने पिता के प्रति

पुत्र का धर्म नहीं सिखाया?
बोला...
वो कहता है...
मैं तो धर्म निरपेक्ष हूँ
मेरा तो कोई धर्म नहीं है, कोई जात नहीं है
पैसा दाव-पेंच से इकट्ठा किया है
कोई खैरात नहीं है।

आराध्य

जो सर्वहारा का सहारा बन सके
हर डूबते का जो किनारा बन सके
निज स्वार्थ सिद्धि से नहीं जो बाध्य है
नर श्रेष्ठ है, वो ही मेरा आराध्य है।

हाशिये

गोली और तमंचा जहां वाद्य यंत्र हो
जूते की तली में चिपका लोकतंत्र हो
राजनीति गुण्डों की रखैल हो जहां
माली ही उजाड़े जहां खुद बागवां
लाशों के सौदागर जहां सत्ता के लिए
बैठे-बैठे देश में ही खींचें हाशिये
ओढ़ के वसन श्वेत स्वार्थ के लिए
शांति के प्रतीक बन गए बहेलिए
नेकी और ईमान तो दफन हो गए
निर्दोषों के वस्त्र ही कफन हो गए
देशद्रोहियों ने खेल ऐसा खेला है
भीड़ तो है लकिन आदमी अकेला है।

अहसान फरामोश

किसी देवी की ममता ने
किसी के प्यार ने पाला
जिसे विज्ञान ने साजा संवारा
प्रकृति ने ढाला
उसी अहसास फरामोश के कर्मों का असर है
अरे, पागल हुआ क्यों खोजता है आदमी को
चला जा ढूंढ़ कहीं और ये मुर्दों का शहर है।

भारत दर्शन

अब तो झलक मिलेगी भारत की केवल अवशेषों में?
टूटे–फूटे खण्ड हरों में खुदे हुये सन्देशों में
मां के दामन के टुकड़े करने को आतुर,
इस अभागिनी भारत मां की सन्तान देखिये
तन पर खाकर पूंजीपतियों के कोड़े,
हाथ पसारे भूखा हिन्दुस्तान देखिये

ताज महल की सुन्दरता में क्या रक्खा?
अप्पू घर की क्यू में क्यों खाते धक्का?
धर्म स्थलों के अन्दर श्मशान देखिये
हाथ पसारे भूखा हिन्दुस्तान देखिये

नागिन–सी मुस्कान बिखेरे ओठों पर
कलियुग की देवी रहती है कोठों पर
पूना में जा स्वयंभू भगवान देखिये
हाथ पसारे भूखा हिन्दुस्तान देखिये
देखो इन्सानों में अब दानवता को
मानव से तलाक लेती मानवता को

दस-दस पैसे में बिकता ईमान देखिये
हाथ पसारे भूखा हिन्दुस्तान देखिये
स्वीकार रहे हैं मौत, सैकड़ों, लाचारी में
भेद मिट चला सरकारी, भ्रष्टाचारी में
नीचे से ऊपर तक बेईमान देखिये
हाथ पसारे भूखा हिन्दुस्तान देखिये।

दुश्मन

किसी को दुश्मन पाकिस्तान दिखता है
किसी को दिखता है चाइना
अरे देश के दुश्मनों को ही देखना है
तो क्यों नहीं ले आते आइना?

भूखा पेट

शायद तुम में
हकीकत की आंखों में आंखें डालने का
दम नहीं है
वरना तुम्हें पता होता...
भूखे पेट की जरूरत
दो वक्त की रोटियां हैं
परमाणु बम नहीं हैं।

कैसे लिखूं

आजकल जब भी लिखने बैठता हूँ तो
मन भटककर रह जाता है
सोचता हूँ... क्यों
गरीब की अर्जी
अधिकारी के जूते की तली में
और भूखे का भोजन
आहार नली में
अटककर रह जाता है।

आज

हो गऐ हैं शब्द लंगड़े
लेखनी भी रो रही
चीख के भी कान बहरे हो गए
आदमी ने आज जैसे ही छुआ
जिस्म के सब घाव गहरे हो गए।

गिरावट

गिरावट इस कदर आई है
इंसानी रिश्तों में
कि वे छोड़कर फ्रिज और टीवी
निकले हैं खरीदने...
गरीब की बीवी
...किश्तों में

चरित्र

बस इसी बात का रोना है
राह चलती स्त्री जो लोग
इस नजर से देखते हैं जैसे
मोनिका लैंविस्की और मैडोना है
अपनी पत्नी के लिए उनके मानदण्ड
आज भी सावित्री और सीता हैं
माफ करना भाई साहब यहां हर व्यक्ति
दुहरा चरित्र जीता है।

आजकल

हर तरफ खून का खेल है
हर शहर अब खुली जेल है

आदमी अब पटाखे हुए
बस्तियां फुलझड़ी हो गई
रिश्ते मजबूरियां बन गए
जिन्दगी हथकड़ी हो गई

गए हंसने हंसाने के दिन
हर समय खिल खिलाने के दिन
उम्र जब से बड़ी हो गई
आँसुओं की लड़ी हो गई।

आदमी को जोड़िए

राख में सुराख करना छोड़िए
यदि हौसला हो, पत्थरों को तोड़िए
बांटने वाले बहुत मिल जाएंगे
हो सके तो आदमी को जोड़िए

जद्दोजहद

लाख समझाता हूँ दिल को
सब्र से तू काम ले...
दिल मगर दिल ही तो है...
कहता है बढ़कर थाम ले...
थाम ले तू हाथ
तेरी जिन्दगी बन जाएगी
तेरी नीयत यदि सही है
क्यों भला चिल्लाएगी
ये समझ तू अश्वमेधी यज्ञ का घोड़ा खड़ा है...
रिस्क है, पर भूल मत ये इश्क का मौका बड़ा है
मैं मगर जद्दोजहद में आज तक
अटका हुआ हूँ
सोचता हूं, ये न सोचे
राह से भटका हुआ हूँ

फर्क

कल ही एक मित्र से, जो फौज में हैं
मैंने पूछ लिया– मौज में हैं?
बोला– यहाँ मोज की बात करना ही 'फेक' है
सर्विस कंडीशन्स के मामले में रेलवे और आर्मी एक है
दोनों में ही गजब का रेस्पांस है,
चौबीस घंटे इमरजेंसी है
और अनुशासन भी कमाल है
मैंने कहा, बस एक ही फर्क है–
आपके यहां झटका है...
हमारे यहां हलाल है।

फोटो

फुल साइज फोटो की रेट सुनके
एक सयाने ने अकल लगाई
बोला, पासपोर्ट साइज ही खींच दो भाई
लेकिन याद रखना...
सर के साथ-साथ जूते भी आएं
फोटोग्राफर बोला...
आप बिलकुल न घबराएं
मैं जैसा कह रहा हूँ वैसा कीजिए
ये जूते उतारकर सिर पर रख लीजिए।

फल

डाक्टर ने मरीज से कहा...
आसान है तुम्हारी बीमारी का हल
बस, ज्यादा से ज्यादा खाइये फल
फलों का भी विशेष रूप से छिलका
क्योंकि उसमें फाइबर भी है, और...
पचाने में हल्का
मरीज बोला... मैं सलाह मान तो लेता
पर समस्या विकट है
दरअसल मेरा पंसदीदा फल कोकोनट है।

प्रजातंत्र

प्रजातंत्र की यही तो छाप है...
जब तक विपक्ष में हैं तो नेवले हैं
कुर्सी मिल गई तो साप है।

देर भली

हमारे एक मित्र थे हरकत अली
चालीस साल की उम्र तक बजरंग बली
एक दिल हमने छेड़ा...
क्यों भैया, दाल नहीं गली
कहने लगे, नहीं ऐसा नहीं है
आप तो जानते ही है...
दुर्घटना से देर भली।

मॉडर्न

समय के इस बहाव में
संस्कृति और सभ्यता के इस कदर
चिथड़े हो गए हैं
कि टीवी चैनल के बेहूदा दृश्यों पर
जब हम ताली पीटते हैं तो लगता है
पता नहीं हम माडर्न हुए हैं या हिजड़े हो गए हैं?

संकल्पी

वोट लेते वक्त जो संकल्प थे,
जीतने के बाद वादे रह गए
जीभ हल्की, खाल मोटी हो गई
ये देखकर ही हम तो आधे रह गए।

जय हो

कद की भी अपनी सीमा है
पद की भी अपनी सीमा है
हद से ज्यादा यदि बढ़ता है
तो सबसे ज्यादा जोर
कमर पर ही पड़ता है
झुककर उठा नहीं सकते ये बढ़े कदों वाले
झुकने को तौहीन समझते बड़े पदों वाले
इनका कद और इनका पद ही बाधा है
इन्होंने सदा स्वयं का हित ही साधा है
ये चंदन, वंदन और आरती बंद करो
अपने मिमियाते स्वर को आज बुलंद करो
तुम रखो सदा विश्वास भुजाओं पर
लिखो अपनी जीत ध्वजाओं पर
जो चोटी पर हों चोटों का उनको भय हो
निर्भीक बढ़ो तुम सदा, तुम्हारी जय हो

आहिस्ता

शहनाई बनने का मुझको है शौक नहीं
रण मेरी बनने का भी कोई चाव नहीं
मैं तीर छोड़ता हूँ लेकिन हौले-हौले
जो वार करें दिल पर लेकिन हो घाव नहीं।

सोन चिरैया

मम्मी की मैं 'सोन चिरैया'
और दादी की 'ता-ता-थैया'
नहीं बांधनी राखी उसको
मुझे 'लोमड़ी' कहता भैया

जब पापा को 'मिस' करती हूं
दरवाजे को 'मिस' करती हूं
तभी अचानक ही फटाक से
पापा घर आ जाते हैं

आते ही बांहों में भरके
चक्कर कई लगाते घर के
कंधों पर सवार होकर मैं
घेड़ा खूब चलाती हूं
फिर मैं धीरे-धीरे सब की
एक-एक बात बनाती हूं

जिसकी बात शुरू करती हूं
वो मुझसे घबराते हैं
बड़ा मजा आता है जब सब
पीछे-पीछे आते हैं

बातें करते करते करते
जब मेरा मुंह थक जाता है
मेरा घोड़ा रुक जाता है

मम्मी बतिया सकती घंटों
बच्चे तो थक जाते हैं
सोचो-कितना छोटा मुंह है
और-
कितनी सारी बातें हैं!

OOO